S C H O L A S T I C

Solares™

Copyright acknowledgments and credits appear on pages 271–272, which constitutes an extension of this copyright page.

CONTENIDO

Tema
Compartimos lo que nos gusta.

UNIDAD 1

CONTENIDO

PATRULLA EN ACCIÓN

TEMA
Hay muchas clases de problemas.

UNIDAD 2

CONTENIDO

¡Con ánimo!

TEMA
Es divertido hacer cosas juntos.

UNIDAD 3

¡HOLA!

TEMA
Compartimos lo que nos gusta.

UNIDAD 1

Bienvenidos a
Solares

Visitar la casa de un escritor

Compartimos lo que nos gusta.

The chicken koop where Sundays dinner chicken spent it's last days.

The shed full of old stuff. The outhouse (toilet) do beyond the

11

¡Leamos juntos!

Autora
Erminda García

Erminda García es maestra de primer grado. A ella le encanta enseñar a leer a los niños. ¡También le gusta inventar juegos divertidos! Vive en California con su familia.

Yo leo

las vocales

Escrito por Erminda García
Ilustrado por Nancy Davis

AaEe Ii
Oo Uu

Ésta es la A.

Yo leo la A.

Ésta es la E.

Yo leo la E.

Ésta es la I.

Yo leo la I.

Ésta es la O.

Yo leo la O.

Ésta es la U.

Yo leo la U.

Yo leo A, E, I, O, U.

Yo leo a, e, i, o, u.

¡Yo leo!

A cantar

A, a, a, la abeja dice A/a.
E, e, e, el elefante dice E/e.
I, i, i, la iguana dice I/i.
O, o, o, el osito dice O/o.
U, u, u, la urraca dice U/u.
A, E, I, O, U: ¿Qué dices tú?

las vocales

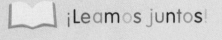
¡Leamos juntos!

Autora
Graciela Vidal

Antes, Graciela Vidal se dedicaba a hacer anuncios comerciales para la televisión. ¡Ahora ella piensa que escribir para niños es mucho más divertido! Vive en la ciudad de Nueva York con su esposo y sus dos gatos, Luna y Bones.

Mi mamá y yo

Escrito por Graciela Vidal
Ilustrado por Dave Clegg

¿A quién ama mi mamá?

Mi mamá ama a la mona.

Mamá ama a Monada, la mona.

34

Mi mamá ama a la llama.

Mamá ama a Mimosa, la llama.
¿A quién más ama mamá?

Mamá ama a Mora, la morsa.

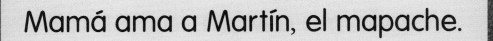

Mamá ama a Martín, el mapache.

Mamá ama a Mumú, el murciélago.
¿A quién más ama mamá?

Mamá ama a la mariposa.

Mi mamá ama a Memo.

Mi mamá ama a Mimí.
¿A quién más ama mamá?
¡Mi mamá me ama a mí!

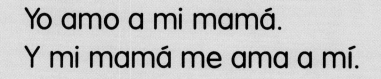

Yo amo a mi mamá.
Y mi mamá me ama a mí.

Veo, veo

Miel

46

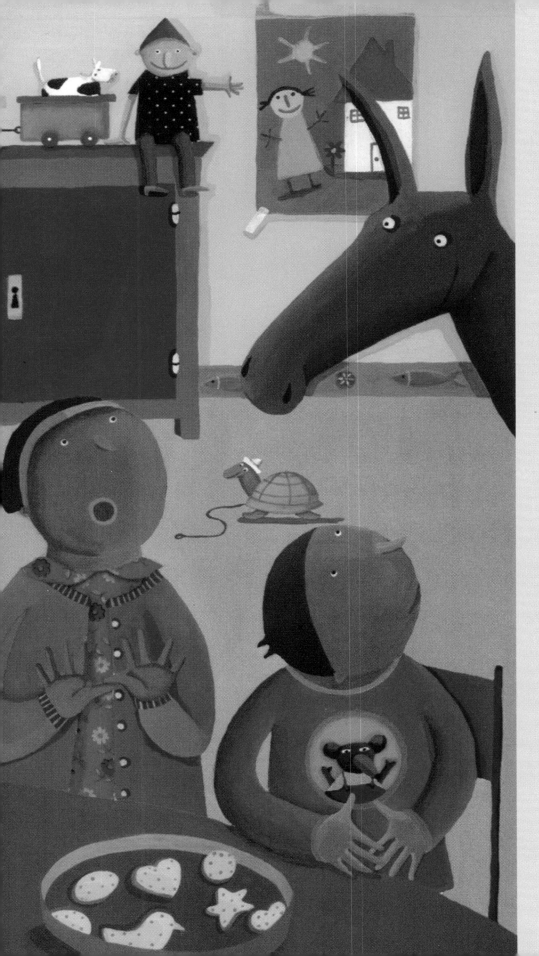

Veo, veo.
¿Qué ves?
Una cosita.
¿Y qué cosita es?

Empieza con **ma**.
Ma, ma, ma, ¡mano!

Empieza con **me**.
Me, me, me, ¡mesa!

Empieza con **mi**.
Mi, mi, mi, ¡miel!

Empieza con **mo**.
Mo, mo, mo, ¡mona!

Empieza con **mu**.
Mu, mu, mu, ¡mula!

Veo, veo.
¿Qué ves?
¡La mona y la mula
comen miel con las
manos en la mesa!
¡Qué mamarracho!

47

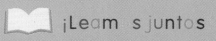
¡Leamos juntos

Autora
Clarita Kohen

La mamá de Clarita Kohen era una narradora maravillosa. Ahora, a Clarita le encanta contar cuentos a niños. Los anima para que la ayuden a contar sus cuentos y a ¡inventar sus propios cuentos!

Pipo, el puma

Escrito por Clarita Kohen
Ilustrado por Loretta López

Pía, la paloma, va para la escuela.

Mapi, la mariposa, va para la escuela.

Pepe, el pato, va para la escuela.

Mapi, la mariposa, está en la escuela.

Pía, la paloma, está en la escuela.

Pepe, el pato, está en la escuela.

Todos están en la escuela.

¡Pum! ¡Pum! ¿Quién es?
¡Es Pipo, el puma!

57

¡No, Pipo! ¡No! ¡Un puma en la escuela, no!

¡A Pipo, el puma, le da pena!

¡Pongamos la escuela afuera!

Pía, la paloma, pone el mapa.
Mapi, la mariposa, pone el pomo.

Todos están en la escuela.
Sí, Pipo. ¡En esta escuela, sí!

Pipo, el puma, ama la escuela.

¡Leamos juntos!

Donald Crews

Autor/Ilustrador

Donald Crews escribe libros para los niños. Él escribe sobre cosas que ve y que le gustan. Donald Crews también hace los dibujos que acompañan a sus cuentos.

COLEGIO

Uno de sus libros más conocidos es El autobús escolar. En éste nos cuenta un modo de llevar a los niños a la escuela.

A Donald Crews le gusta retratarse en sus libros. ¿Lo puedes encontrar en esta ilustración de las páginas de El autobús escolar?

Se detienen.

Autora
Cecilia Ávalos

Cecilia Ávalos fue maestra por muchos años. Ahora escribe cuentos y poemas para niños. Le encanta escribir acerca de la cultura y las tradiciones latinoamericanas. Muchos de sus cuentos y poemas están escritos en español y en inglés.

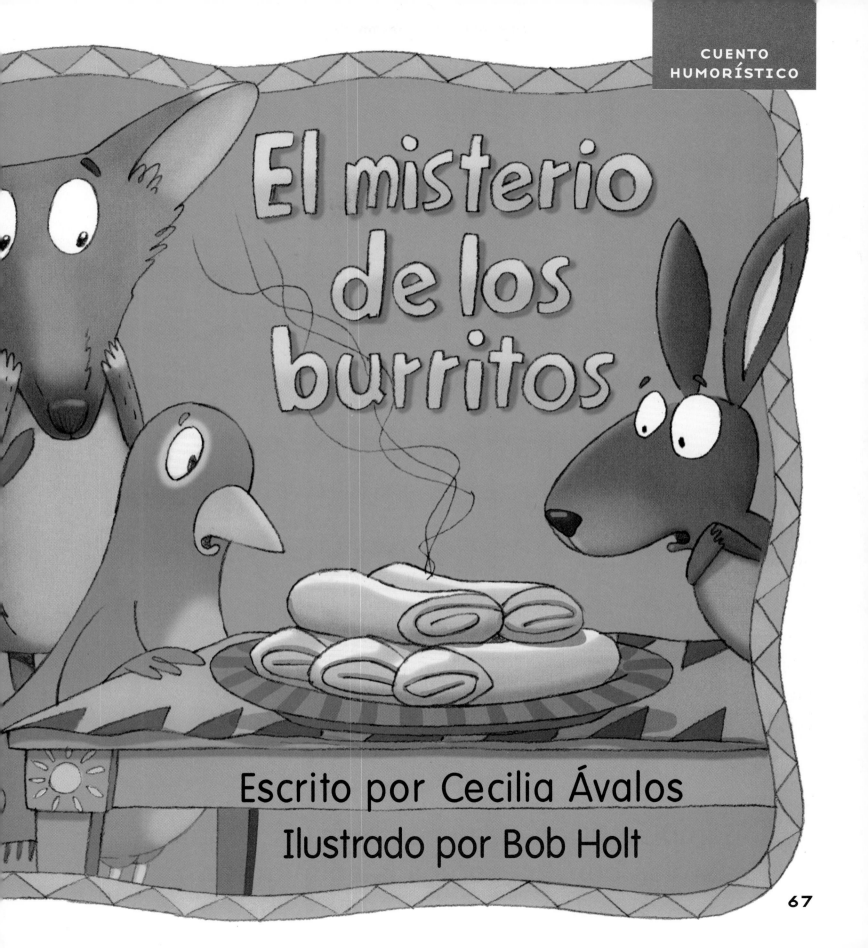

El misterio de los burritos

Escrito por Cecilia Ávalos

Ilustrado por Bob Holt

Mamá Jabalina hizo unos burritos sabrosos.
Puso los burritos sabrosos en la mesa.

Un sabroso burrito para cada jabalí.
Mamá Jabalina llamó: —¡Papá, Sumi, Susi!

—¿Y los burritos? —dijo Papá Jabalí.

—¡Ay, ay! —dijo Mamá Jabalina—.
¿Quién se comió todos los burritos?

—No sé quién —dijo la paloma—.
Pero yo no me los comí.

—¡Mira, Papá Jabalí! ¿Quién pasó?

—No sé quién —dijo el coyote—.
Pero yo no me los comí.

—¡Mira, Mamá Jabalina! ¿Quién
pasó?

—No sé quién —dijo el búho—.
Pero yo no me los comí.

—¡Mira, Papá Jabalí! ¿Quién pasó?

—No sé quién —dijo la liebre—.
Pero yo no me los comí.

—¡Mira, Papá Jabalí! ¿Quién pasó?

—¡Sí, sí! —dijo el ratón panzón—.
Uno por uno, YO me los comí.

¡Y qué ricos burritos!

Don Sapo y doña Sapa

El sapo y la sapa van de paseo.
El sapo y la sapa llegan a un río.

—Pase usted, doña Sapa
—dice don Sapo.

—No, pase usted, don Sapo
—dice doña Sapa.

Si don Sapo no pasa,
si doña Sapa no pasa.
¿Quién pasa?

De paseo llega un sapito.

—Hola, doña Sapa. Hola, don Sapo
—dice el sapito—. ¿No pasan?

—No, pase usted, sapito
—dice don Sapo.

Y pasito a pasito, pasa el sapito.

—Adiós, doña Sapa. Adiós, don Sapo.

Autora
Leyla Torres

Leyla Torres se crió en Colombia. Ella podía leer todo tipo de libros maravillosos en la pequeña escuela que sus padres dirigían. Antes se dedicaba a enseñar artes y ¡hasta diseñaba títeres! Ahora, le encanta escribir e ilustrar libros para niños.

¿Qué comen los animalitos?

Escrito por Leyla Torres
Ilustrado por Maya Itzna Brooks

¿Qué come un sapito si tiene apetito?

Come mosquitos o gusanitos.
Pero si no tiene apetito,
un sapito no come nada.

¿Qué come un patito si tiene apetito?

Come semillas o pescaditos. Pero si no tiene apetito, un patito no come nada.

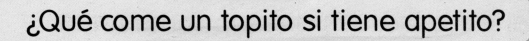

¿Qué come un topito si tiene apetito?

90

Come grillos y otros insectitos.
Pero si no tiene apetito,
un topito no come nada.

¿Qué come un monito si tiene apetito?

Come pomelos o bananitos.
Pero si no tiene apetito,
un monito no come nada.

¿Qué come un osito si tiene apetito?

94

Come pescado o frutitas.
Pero si no tiene apetito,
un osito no come nada.

¿Y qué comes tú si tienes apetito?
Comes sopa de papa con apio
o comes pan tostado con tomate.

Comes pepinos, tortillas o tacos,
y si no tienes más apetito...

¡Te sientas a leer un librito!

Mi patita

Yo tengo una patita que se llama Tita.

Yo amo a mi patita Tita.

Yo mimo a mi patita Tita.

Yo tengo una patita que se llama Tita.

Mi patita Tita tuvo siete patitos.

Tita ama a sus patitos.

Tita mima a sus patitos.

Yo tengo siete patitos y una patita
que se llama Tita.

PATRULLA EN ACCIÓN

TEMA
Hay muchas clases
de problemas.

UNIDAD 2

Bienvenidos a

Solares

Ir a la consulta de una veterinaria

Hay muchas clases de problemas.

Tengo un agujero en el bolsillo

Basado en una canción tradicional

Adaptado por Akimi Gibson
Ilustrado por Jeni Basset

106

Tengo un agujero en el bolsillo.

Arréglalo.

¿Cómo lo arreglo?

Cóselo.

¿Con qué lo coso?

Con hilo y aguja.

¿Dónde los encuentro?

Cómpralos.

¿Con qué los compro?

Con dinero.

¿Y dónde lo pongo?

En el bolsillo.

Pero, ¡tengo un agujero en el bolsillo!

Era una vez un barco chiquitito

Era una vez un barco chiquitito,
que no podía, que no podía navegar.

Pasaron una, dos, tres, cuatro, cinco, seis, siete semanas,
y los víveres, y los víveres empezaron a faltar.

Y si la historia no les parece larga,
y si la historia no les parece larga,
la volveremos, la volveremos a contar.

Era una vez un barco chiquitito,
que no podía que no podía...

PIENSA EN LA LECTURA

Piensa en <u>Tengo un agujero en el bolsillo</u>. Termina cada oración en una hoja aparte.

Principio

1. Al principio del cuento, el elefantito le dice a su padre: "_____."

2. Su padre le dice: "_____."

Mitad

3. El elefantito pregunta: "¿Cómo lo arreglo?" Su padre le dice: "_____."

4. El elefantito pregunta: "¿Dónde los encuentro?" Su padre le dice: "_____"

Final

5. Al final del cuento, el elefantito le dice a su padre: "_____."

ESCRIBE UN TÍTULO

¿Cómo puedes arreglar algo que está descompuesto o roto? Haz un dibujo de ti arreglando algo. Escribe, en una oración, qué cosa está rota y cómo la estás arreglando.

CÍRCULO LITERARIO

¿En qué se parecen Tengo un agujero en el bolsillo y "Era una vez un barco chiquitito"? ¿En qué se diferencian? Habla sobre estas preguntas con tus compañeros.

Conozcamos a
Akimi Gibson

En la canción "Hay un agujero en el cubo" se trata de arreglar algo que está roto, y una cosa da lugar a otra. Akimi Gibson aprendió esa canción cuando era apenas una niñita. Esta canción también le dio la idea para el cuento que acabas de leer. ¿Ves cómo se parecen la canción y el cuento?

Otro libro escrito por
Akimi Gibson

- El rincón de Nana

¿QUÉ SERÁ?

Por Cecilia Ávalos

124

Parece un papalote.

Parece un dinosaurio.

¡Pero no lo es!

Parece una mariposa.

¡Pero no lo es!

Parece un globo.

¡Pero no lo es!

Parece el número tres.

¡Pero no lo es!

Parece una tormenta.

¡Y sí que es! ¡A correr!

EL PATIO DE MI CASA

El patio de mi casa
es muy particular:
cuando llueve se moja,
como los demás.
Agáchate y vuélvete a agachar,
que las agachaditas no saben bailar.
Hache, i, jota, ka, ele, elle, eme, a,
que si tú no me quieres,
otra niña me querrá.

PIENSA EN LA LECTURA

1. Al principio del cuento, ¿a qué se parece lo que los niños ven en el cielo?

2. ¿Cuáles son los dos animales que creen ver?

3. Los niños dicen: "Parece un globo."
   ¿Por qué no dicen: "es un globo"?

4. ¿Qué están mirando los niños en verdad?

5. ¿Qué sucede cuando llueve en ¿Qué será?? ¿Qué sucede cuando llueve en "El patio de mi casa"?

ESCRIBE UNA PÁGINA PARA UN LIBRO

Escribe una página en un Libro de nubes para toda la clase. Haz un dibujo de algunas nubes en el cielo. Debajo del dibujo escribe, en una oración, a qué se parece una de las nubes.

CÍRCULO LITERARIO

¿Qué te gusta hacer en un día de lluvia? ¿Te gusta jugar dentro de la casa? ¿Te gusta jugar en la lluvia? ¿Qué te gusta hacer? Habla sobre tus ideas.

CONOZCAMOS A CECILIA ÁVALOS

Es probable que Cecilia Ávalos no haya visto muchas nubes de tormenta cuando era niña. Nació en Jerome, Arizona. Allí el sol brilla casi todo el tiempo. Ahora vive en Tucson, Arizona.

OTROS LIBROS ESCRITOS POR CECILIA ÁVALOS

- Chana y su rana
- Así soy yo
- Chito conejito
- Jorgito gorrión
- La fiesta del abecedario

¿Qué hay dentro del huevo?

Mary Jane Martin

¿Qué hay dentro del huevo?

En el huevo hay un pollito.

¿Qué hay dentro del huevo?

En el huevo hay una tortuguita.

¿Qué hay dentro del huevo?

En el huevo hay un pingüino bebé.

¿Qué hay dentro del huevo?

En cada huevo hay un pececito.

¿Qué hay dentro del huevo?

En cada huevo hay una pequeña serpiente.

¿Qué hay dentro del huevo?

En cada huevo hay un pichón de garza.

¿Qué hay dentro del huevo?

En cada huevo hay una salamandra.
¡Qué maravilla! ¿Cierto?

La gallina Francolina

La gallina Francolina
puso un huevo
en la cocina.
Puso uno, puso otro,
y contemos hasta ocho:
uno, dos, tres,
cuatro, cinco, seis,
siete y ocho.

Dr. Fay Vittetoe

Veterinaria

Fay Vittetoe pasa el día ocupada, atendiendo a los animales que están enfermos. Fíjate en lo que hace para que los animales estén sanos.

Por la mañana hace reconocimientos a los animales.

Por la tarde responde a preguntas.

Al final del día, visita a los animales que son demasiado grandes para ir a su consulta.

Piensa en la lectura

1. ¿Qué hay dentro del huevo?

2. ¿Por qué crees que los animales que son madres no se alejan de los huevos?

3 ¿En qué se diferencian las crías de sus padres?

4. ¿Qué animal pone un solo huevo?

5. Piensa en ¿Qué hay dentro del huevo? y "La gallina Francolina". ¿Qué animales ponen más de un huevo?

Escribe una adivinanza

Escoge uno de los huevos del cuento. Dibújalo. Da algunas pistas sobre el animalito que está adentro. Trata de que tus compañeros adivinen.

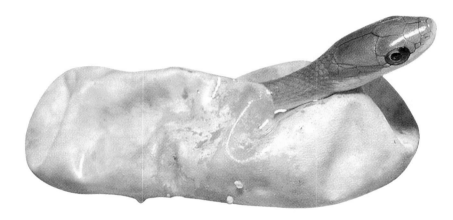

Círculo literario

¿Crees que los animales adultos del cuento son buenas madres? ¿Por qué? ¿Qué animalito recién nacido te gusta más? ¿Por qué?

Conozcamos a Mary Jane Martin

Mary Jane Martin lleva mucho tiempo escribiendo. No es la única a quien le gusta escribir en su familia. Su hija, Ann Miranda, también escribe libros para niños. ¡Escuchar cuentos en esa casa debe ser muy divertido!

Para todos los niños

Adaptado por Liliana Santirso

1. Todos los niños del mundo somos iguales
y tenemos los mismos derechos.

2. Todos los niños deberemos vivir en libertad. Necesitamos ser respetados y protegidos para crecer sanos y seguros.

3. Todos los niños tendremos un nombre por el que nos conocerán y un país que será nuestra Patria.

4. Todos los niños merecemos cuidados. Deberemos tener casa, abrigo, alimentos y juegos. También atención médica y medicinas cuando estemos enfermos.

5. Todos los niños, si somos minusválidos, recibiremos cariño y atención especial.

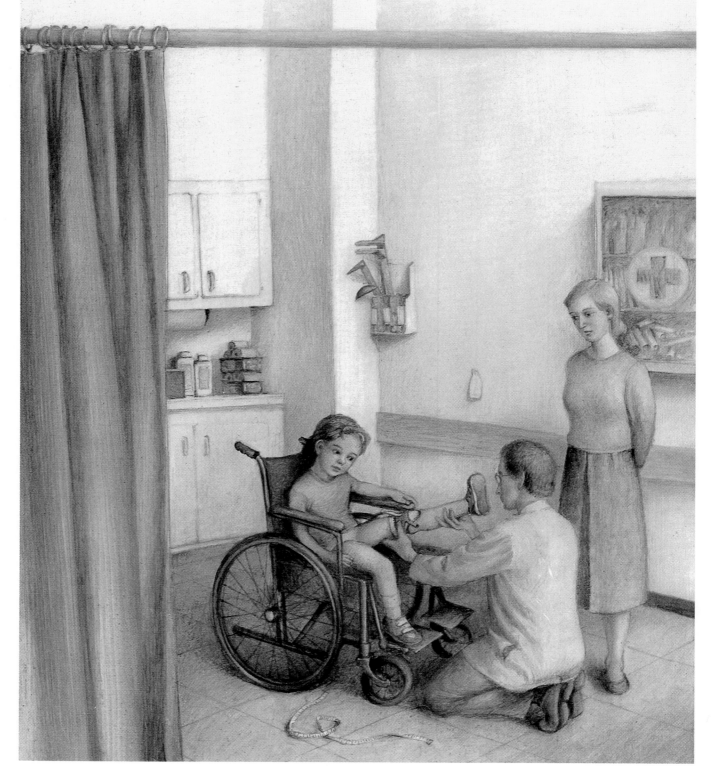

6. Todos los niños necesitamos una familia. Cuando no la tengamos, formaremos un hogar con quienes nos quieran y velen por nosotros.

171

7. Todos los niños recibiremos educación. Asistiremos a la escuela, pero también jugaremos porque ésa es nuestra forma de entender el mundo.

8. Todos los niños en una situación de peligro seremos los primeros en recibir ayuda.

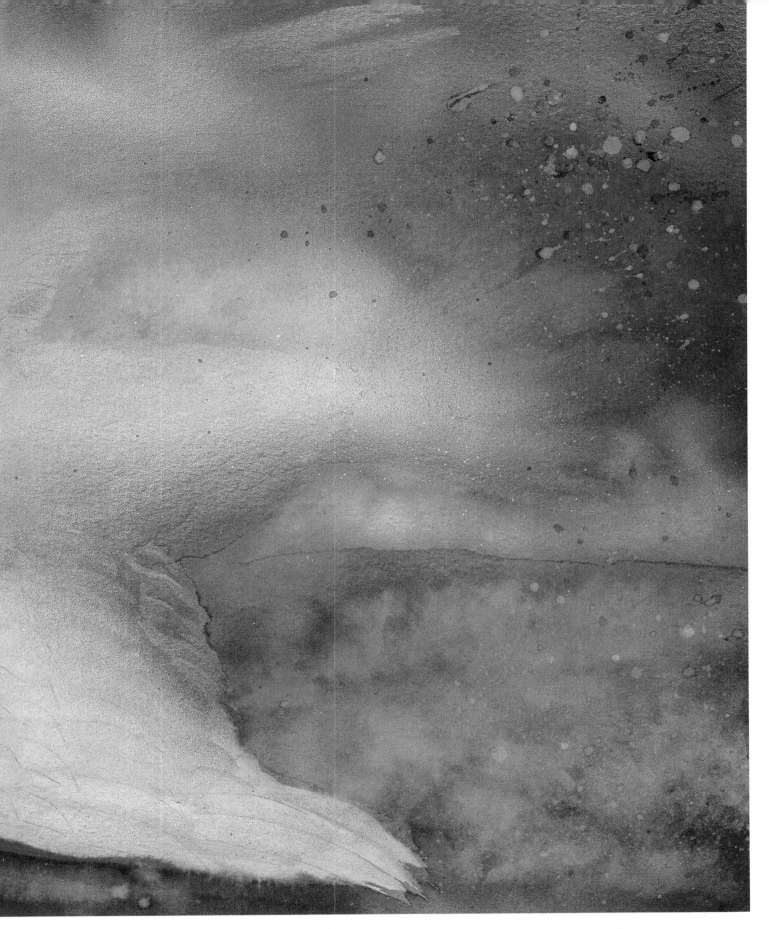

9. Todos los niños tenemos derecho a la felicidad. Ninguno de nosotros puede ser maltratado, atemorizado o explotado, ni fuera ni dentro del hogar.

Daniela Bour

10. Todos los niños deberemos ser tratados como iguales, con amor y comprensión. Así aprenderemos a creer en la amistad y seremos capaces de vivir en paz.

179

Niños:
una ventana al futuro

Todos los niños del mundo tienen derecho a ser felices. Pero muchas veces esto no es así. En algunos lugares, los niños no reciben los alimentos necesarios. Otros niños no pueden ir a la escuela o ver un médico cuando están enfermos.

Desde 1964, la UNICEF trabaja con gobiernos, escuelas, comunidades y centros de salud para ayudar a los niños. Casi todos los países del mundo han firmado la Declaración Universal de los Derechos del Niño de la UNICEF.

Piensa en la lectura

Vuelve a leer <u>Para todos los niños</u>. Completa cada oración en una hoja aparte. Haz un dibujo para una de las oraciones.

1. Todos los niños del mundo somos _____.

2. Todos los niños deberemos vivir en _____.

3. Todos los niños tendremos un país que será nuestra _____.

4. Cuando estemos enfermos, deberemos tener _____.

5. Por último, todos los niños deberemos ser tratados con _____.

Escribe un cartel

Dibuja un cartel de cosas que hacen felices, saludables y seguros a los niños. Escribe una oración en el cartel. Di lo que muestra tu dibujo.

Círculo literario

¿Cuáles de los derechos descritos en Para todos los niños son más importantes para ti? ¿Por qué? Habla con un grupo de compañeros sobre estos derechos.

Conozcamos a
Liliana Santirso

Liliana Santirso piensa que es importante que las personas conozcan sus derechos. Ella no escribió la Declaración Universal de los Derechos del Niño. Una organización llamada Naciones Unidas la escribió. Liliana Santirso hizo esta declaración más fácil de leer para los niños.

Otro libro escrito por
Liliana Santirso

- El capitán

¡Con ánimo!

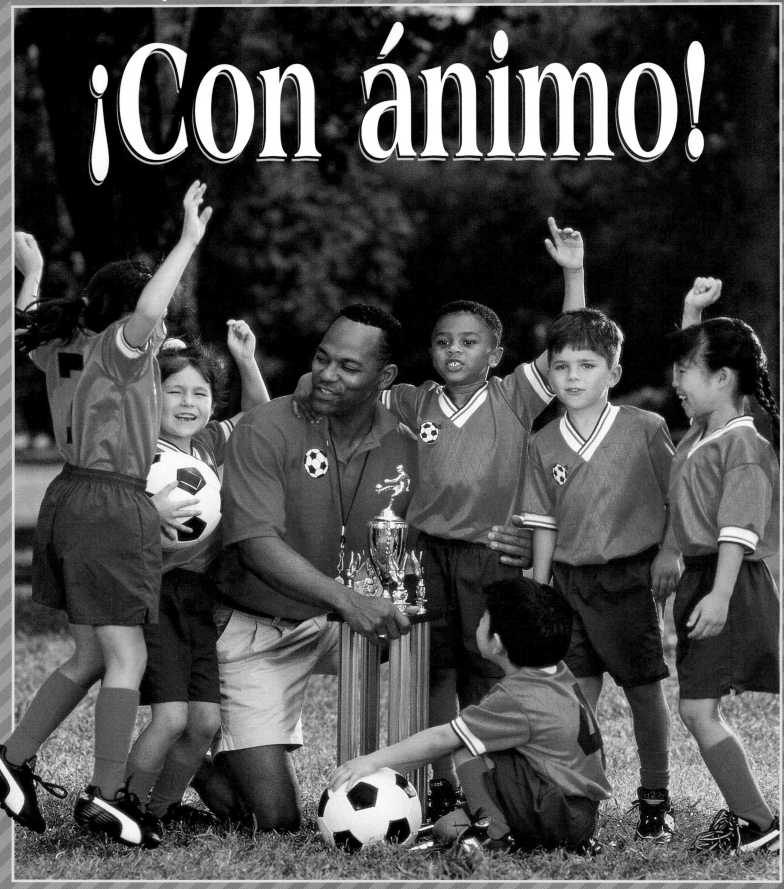

¡Con ánimo!

TEMA
Es divertido hacer cosas juntos.

UNIDAD 3

Bienvenidos a

Solares

Visitar un estadio de futbol

Es divertido hacer cosas juntos.

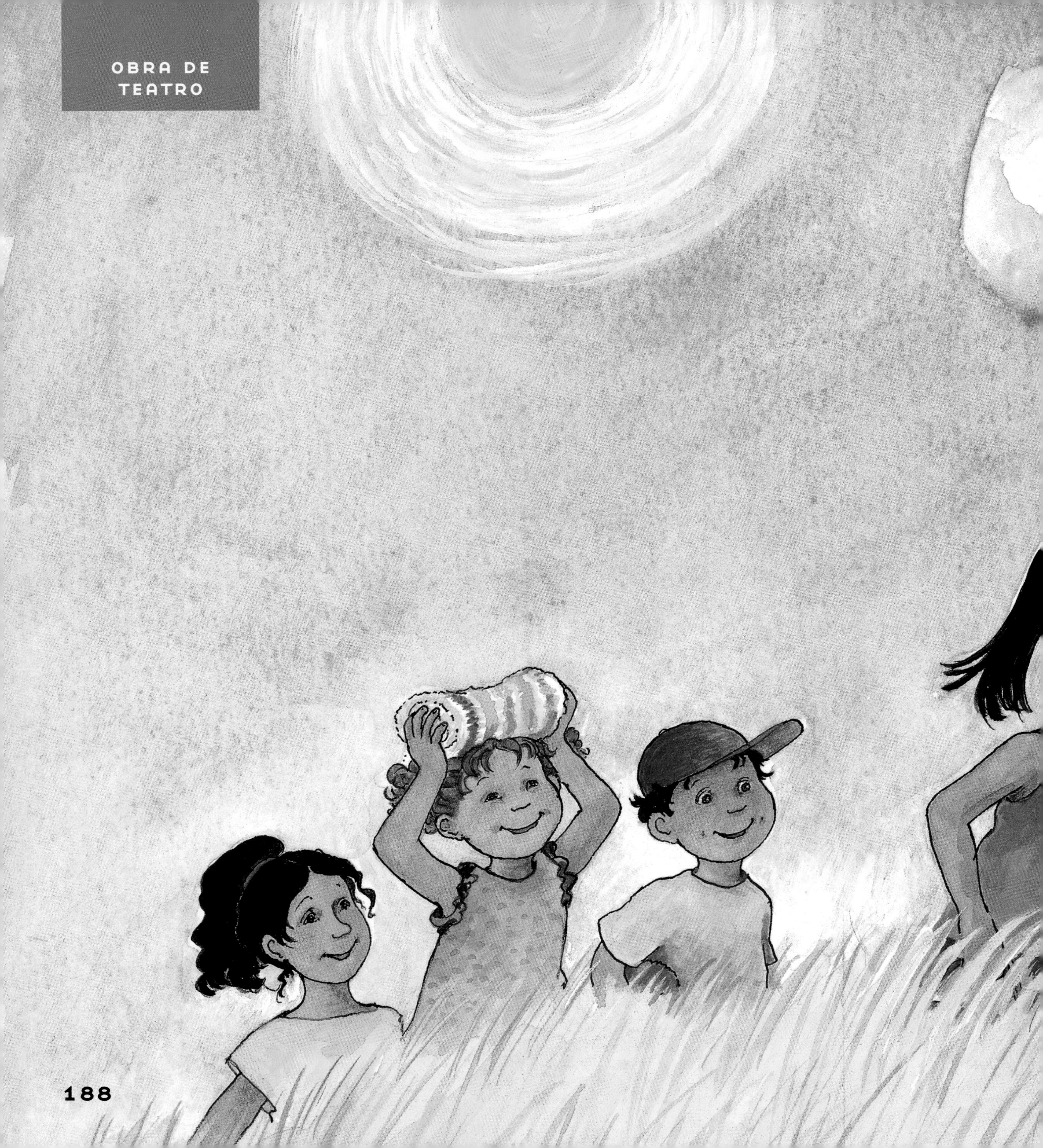

El Picnic

escrito por Alma Flor Ada y F. Isabel Campoy

ilustrado por Susanna Natti

 # Primer acto

Luna: ¡Qué calor hace hoy!

Luis: Sí, prende el aire.

Mamá: Ya está.

Beto: ¡Hace mucho calor!

Terremoto: ¡Guau! ¡Guau! ¡Guau!

Tere: ¡Terremoto tiene calor!

Mamá: ¡Tengo una idea!
¡Vamos de picnic!
Podemos sentarnos al
fresco y almorzar.

Luis y Beto: ¡Vamos!

Terremoto: ¡Guau! ¡Guau! ¡Guau!

Tere: A Terremoto le gusta ir de picnic.

Lina: Vamos al parque.

Podemos sentarnos en la colina.

Luis: Vamos al lago.

Tengo un mapa.

Terremoto: ¡Guau! ¡Guau! ¡Guau!

Tere: Terremoto quiere ir a la playa.

Le gusta jugar con la arena.

Lina: Aquí está mi guante.

Luis: Aquí está mi bate.

Beto: Aquí está mi gorra.

Terremoto: ¡Guau! ¡Guau! ¡Guau!

Todos: ¿Dónde está la pelota,
Terremoto?

Mamá: ¿Qué podemos llevar para comer?

Beto: A mí me gusta el pan con mermelada.

Luis: A mí me gustan el queso y el jamón.

Mamá: Podemos comer pan con mermelada, queso y jamón y...

Terremoto: ¡Guau! ¡Guau! ¡Guau!

Tere: ¡Perritos calientes! Terremoto quiere perritos calientes.

Narrador: Cuatro niños hambrientos, una gran canasta llena de comida, una mamá y un perro, van en una camioneta de camino a un picnic un día de mucho, mucho calor.

Todos: ¡Allá vamos!

Segundo acto

Lina: ¡Por fin llegamos al parque!

Beto: ¿Podemos sentarnos aquí?

Luis: Parece un buen sitio para un picnic.

Mamá: ¡Vamos a comer!

Terremoto: ¡Guau! ¡Guau! ¡Guau!

Tere: ¿Dónde está Terremoto?

Luis: ¡Míralo allá!

201

Luis: ¡Palomas por aquí!, ¡palomas por allá! ¡Hay palomas por todas partes!

Tere: Éste no es un buen sitio para un picnic.

Mamá: Dejen que las palomas se coman el pan. Que las palomas celebren aquí su picnic. ¡Vamos al lago!

Luis: ¡Por fin llegamos al lago!

Beto: ¿Podemos sentarnos aquí?

Lina: Parece un buen sitio para un picnic.

Mamá: ¡Vamos a comer!

Terremoto: ¡Guau! ¡Guau! ¡Guau!

Tere: Por favor, pasa la mermelada.

Luis: ¡Mira las hormigas!

Beto: ¡Tengo hormigas en los pantalones!

Lina: ¡Hormigas por aquí!, ¡hormigas por allá!, ¡Hay hormigas por todas partes!

Mamá: Éste no es un buen sitio para un picnic. Dejen que las hormigas se coman la mermelada. Que las hormigas celebren aquí su picnic. ¡Vamos a la playa!

Tere: ¡Por fin llegamos a la playa!

Beto: ¿Podemos sentarnos aquí?

Luis: Parece un buen sitio para un picnic.

Mamá: ¡Vamos a comer!

Terremoto: ¡Guau! ¡Guau! ¡Guau!

Lina: Por favor, pasa el queso y el jamón.

Beto: ¡Veo una gaviota!

Tere: ¡Gaviotas por aquí!, ¡gaviotas por allá! ¡Hay gaviotas...!

Terremoto: ¡Guau! ¡Guau! ¡Guau!

Mamá: Éste no es un buen sitio para un picnic. Dejen que las gaviotas se coman el queso y el jamón. Que las gaviotas celebren aquí su picnic. ¡Vamos a bañarnos!

Todos: ¡Terremoto!

Tere: A Terremoto le gustan los perritos calientes.

Narrador: Cuatro niños hambrientos, una canasta de picnic vacía, una mamá y un perro, van todos en una camioneta a comprar helados, un día de mucho, mucho calor.

Todos: ¡Hurra!

tomates

Escrito por Alma Flor Ada

Ilustrado por Simón Silva

Tomate fresco
en la ensalada,
en la salsa,
en la enchilada.
Tomate rojo
en la cocina,
en los taquitos
de mi madrina.

Piensa en la lectura

Contesta cada oración en una hoja aparte.

1. ¿Cuál es la buena idea de la mamá?

2. ¿Qué sucede en el parque?

3. ¿Qué sucede en el lago?

4. ¿Qué sucede en la playa?

5. ¿Crees que la mamá y los niños pasaron un buen día? ¿Por qué?

Haz un mapa

En la obra, Luis tiene un mapa del lago. Haz un mapa de un lugar adonde te gustaría ir de picnic. Marca el mapa con el nombre del lugar. Marca también el mejor lugar para sentarse y comer.

Círculo literario

¿Qué comida llevarías a un picnic? ¿Te gustan los tomates frescos como los mencionados en "Tomates"? ¿Te gusta el pan y la mermelada? Habla con tus amigos sobre los alimentos que llevarías en tu canasta para el picnic.

Conozcamos a
Alma Flor Ada

Alma Flor Ada nació en Cuba. Cuando estaba en cuarto grado tomó una decisión. Pasaría su vida haciendo libros que fueran del agrado de los niños. "Y es que me encanta hacerlos", dice.

Otros libros escritos por
Alma Flor Ada

- Agua agua agua
- El canto del mosquito
- ¿Quién cuida el cocodrilo?
- La tataranieta de Cucarachita Martina

La casita de Harry

Escrito por Angela Shelf Medearis

Ilustrado por Susan Keeter

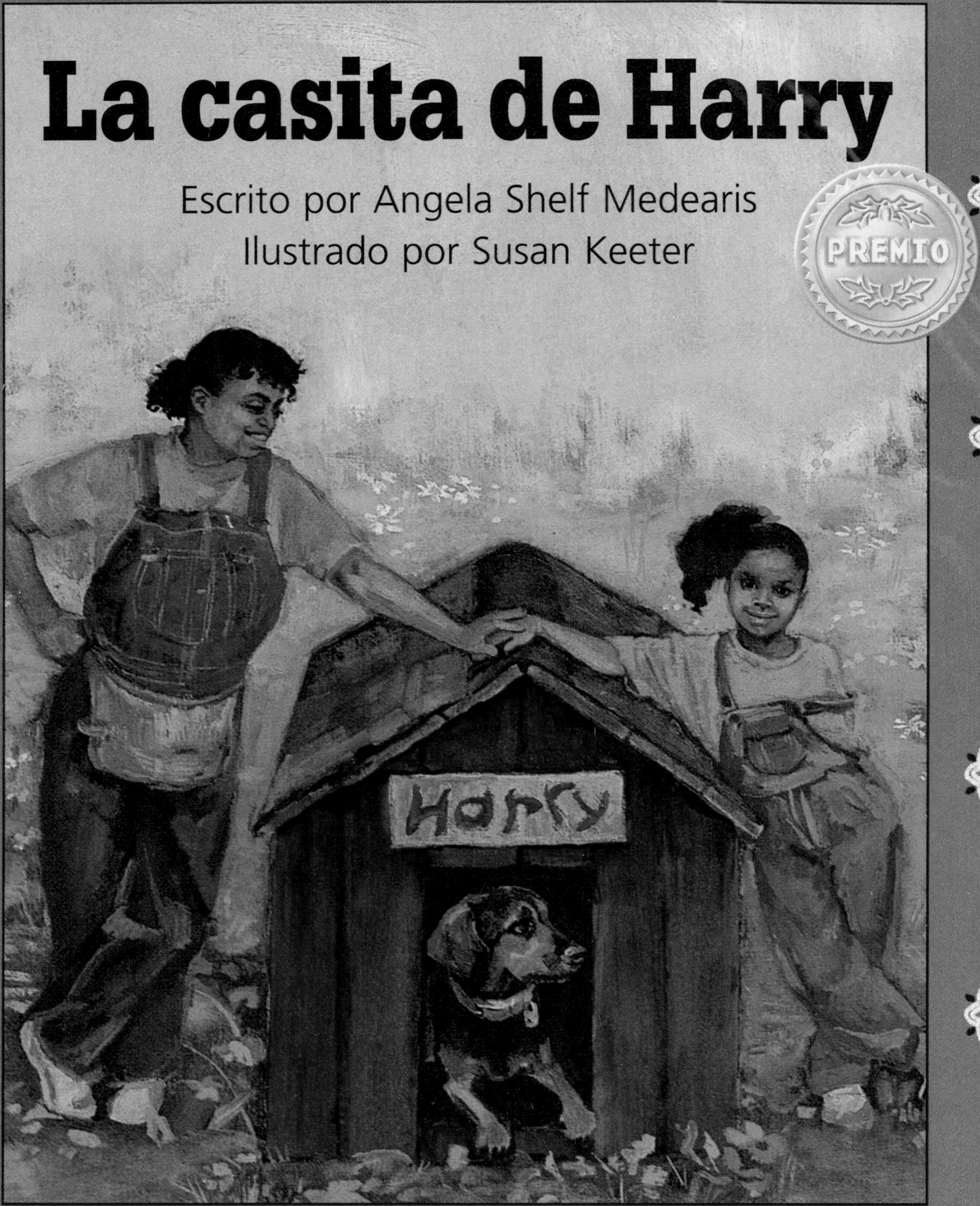

PREMIO

Harry

Mamá y yo nos ponemos los
overoles. Vamos a construir
una casa para Harry.

Mamá corta con un serrucho las tablas de madera.

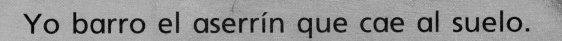

Yo barro el aserrín que cae al suelo.

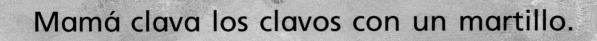

Mamá clava los clavos con un martillo.

Yo sostengo las tablas para que no se caigan.

Entre las dos levantamos el techo.

Pegamos papel alquitranado en el techo, para que no entre la lluvia.

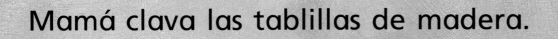

Mamá clava las tablillas de madera.

Yo mezclo la pintura roja mientras mamá me mira.

Pintar es un lío pero también es divertido.

Por fin está lista la casita de Harry.

¡Ven aquí, Harry!

El martillito

Tap,
tap,
tap,
hace el martillito,

top,
top,
top,
hace al trabajar,

tapa,
tapa,
tapa,
hace el martillito,

topo,
topo,
topo,
hace al trabajar.

229

Piensa en la lectura

¿Cómo se construyó la casita de Harry? Completa cada oración en una hoja aparte.

Principio

1. Primero mamá _____.

Mitad

2. Después mamá _____.

3. Entre mamá y la niña _____.

Final

4. Por fin está lista la casita del perro. Lo último que ellas hacen es _____.

5. La niña y su mamá forman un buen equipo porque _____.

Escribe rótulos

Es muy importante tener las herramientas adecuadas para un trabajo. Piensa en las herramientas especiales que se mencionan en La casita de Harry y "El martillito". Dibuja las herramientas que alguien necesita para construir una casa para un perro. Debajo de cada herramienta, escribe su nombre.

Círculo literario

¿Cómo se ayudan las personas unas a otras en El picnic? ¿Cómo se ayudan las personas unas a otras en La casita de Harry? Conversa sobre estas preguntas con tus compañeros.

Conozcamos a
Angela Shelf Medearis

Angela Shelf Medearis escribe sobre actividades que hizo cuando era joven. Su propia casa es un lugar de mucha actividad. Medearis vive allí con su esposo, su hija y su nieta.

Otro libro escrito por
Angela Shelf Medearis

- Jugamos bajo la lluvia

Nuestro deporte es el FUTBOL

Leila Boyle Gemme

El futbol es nuestro deporte. Nos gusta correr y patear la pelota. Aprendemos a patear. No debemos tocar la pelota con las manos.

La entrenadora nos enseña a patear.

Aprendemos a driblear el balón.

Regatear es muy divertido.

Hacemos pases largos con la pelota.

Cuando las pelotas son altas
hacemos pases de cabeza.
Esto no es fácil.
Para protegernos las piernas
llevamos espinilleras.

Empezamos el partido lanzando una moneda al aire.
Para marcar un gol, hay que meter la pelota en la portería.
El equipo contrario trata de quitarnos la pelota.

En el descanso,
comemos naranjas.
La entrenadora nos
aconseja
y nos anima durante
el juego.

Cuando juegas al futbol,
a veces te haces daño.

Pero aún así es muy divertido.
¡Terminó el partido!

¡Leamos juntos!

Danny Prenat

Entrenador de futbol

Danny Prenat entrena a gente joven en Florida. Enseña a jugar en equipo.

Los jugadores de futbol aprenden las reglas del juego y cómo pasar la pelota.

Los jugadores practican en el campo lo que han aprendido.

"Los jugadores tienen que jugar en equipo", dice el entrenador Danny Prenat. "Deben aprender a jugar unidos. Los buenos equipos se divierten".

241

Piensa en la lectura

1. ¿Cómo ayuda la entrenadora a los niños?

2. ¿Por qué siempre tienen los niños un descanso en la mitad del juego?

3. ¿Con qué se golpea la pelota de futbol?

4. ¿Por qué se pasan los niños la pelota uno a otro durante el juego?

5. ¿Qué crees que el entrenador Danny Prenat podría decir a los niños en Nuestro deporte es el futbol?

Escribe la leyenda al pie de un dibujo

Dibuja un partido de futbol. Escribe una oración que vaya con tu dibujo. La oración debe decir algo sobre el dibujo.

Círculo literario

¿Qué aprendiste del futbol en este cuento? ¿Te ayudaron las fotos a aprender algo?

Conozcamos a Leila Boyle Gemme

Leila Boyle Gemme vivió en Connecticut, en California y en Illinois. En esos estados muchos niños juegan al futbol. Pensó que a los niños les gustaría leer un libro sobre su deporte favorito. Por eso escribió este cuento.

Más libros relacionados con los deportes

- Los deportes escrito por Chris Jeaggi
- El chico karateka escrito por Ann Morris
- Beisbol en los barrios escrito por Henry Horenstain

Elisa y Palín

**Texto e ilustraciones de
Francisca Altamirano**

El pajarito llevaba largas horas llorando,

y se veía triste y cansado cuando Elisa lo encontró.

Ella lo
tomó en
sus brazos
y lo llevó a
su casa.

247

Lo llamó Palín.
El pajarito creció con los cuidados de Elisa.
Ella le dio amor, alegría y comida.

Pero un día, Elisa comprendió que Palín
había crecido y debía alejarse

para descubrir

nuevos horizontes.

Elisa siempre lo recordó con alegría,

y Palín nunca dejó de visitarla,

de acompañarla a todas partes

y de ayudarla en cuanto podía.

TRATO HECHO

Escrito por Amado Nervo

—Oye, pichoncito amigo:

Yo quiero jugar contigo.

—Niño, si quieres jugar,
ven, sube a mi palomar.

—Me faltan alas. No puedo.
Baja tú, no tengas miedo.

—Sin miedo voy a bajar
y jugaré satisfecho; pero trigo
me has de dar.

—Pichoncito: trato hecho.

Piensa en la lectura

Contesta las preguntas en una hoja aparte.

Personajes

1. ¿Por qué es Elisa una buena amiga para Palín?

Sucesos

2. ¿Cómo se veía el pajarito cuando Elisa lo encontró?

3. ¿Cómo ayuda Elisa a Palín?

4. ¿Por qué Palín necesita alejarse?

Desenlace

5. Al final del cuento, ¿qué hacen Elisa y Palín juntos?

Escribe un diploma de premio

Elisa fue una buena amiga para Palín. Piensa en uno de tus buenos amigos. Prepara un premio para que Palín se lo dé a Elisa. Dile por qué es ella tan especial.

Círculo literario

Imagínate que Palín voló al parque y a la playa donde la madre y los niños van al picnic. ¿Qué le diría a las palomas y a las gaviotas? ¿Cómo terminaría el cuento?

Conozcamos a Francisca Altamirano

Francisca Altamirano nació en Santiago de Chile. Comenzó a escribir después de ver crecer a sus dos hermanas. A la autora también le encanta hacer los dibujos para sus libros. Lo hace tan bien que otros escritores le han pedido que ilustre sus libros.

Otros libros escritos por Francisca Altamirano

- El niño y el globo
- El viaje de Isaac

LISTA DE PALABRAS

·········· **Palabras descifrables** ···············

m	
ama	mi
mamá	mí
me	Mimí
Memo	

p	
mapa	Pipo
Mapi	pomo
Pepe	puma
Pía	

s	
mesa	sé
pasó	sí
puso	Sumi
se	Susi

t	
apetito	te
osito	tomate
patito	topito
sapito	tú

············ **Palabras de uso frecuente** ··············

como	los	tiene
dijo	más	todos
el	nada	un
es	no	uno
escuela	pero	y
ésta	qué	yo
la	quién	

Palabras de los cuentos

bananitos	mapache	pescado
burritos	mariposa	pone
frutitas	Mimosa	sabrosos
gusanitos	monito	tacos
heladitos	morsa	tienes
jabalina	mosquitos	todos
las	paloma	tortillas
leo	para	vocales
librito	pato	vuela
llama	pena	

En el Glosario encontrarás las palabras en orden alfabético. Esta página te muestra cómo usarlo.

Ésta es la **palabra** que buscas.

dinosaurios

animales muy grandes parecidos a los lagartos que vivieron hace millones de años

Los **dinosaurios** se ven en los museos.

Fíjate en esta frase para hallar el **significado** de la palabra.

Una **oración** te muestra cómo se puede usar la palabra.

Una **fotografía** te ayuda a saber qué significa la palabra.

aguacero

lluvia repentina, fuerte y de poca duración

El **aguacero** duró cinco minutos.

agujero

hueco en la pared o en una tela

Pasamos al otro jardín por un **agujero**.

alegría

sentimiento agradable de satisfacción

Los regalos nos dan mucha **alegría**.

alerta

estar prestando atención o vigilando

Los bomberos deben estar siempre **alerta** y listos para apagar incendios.

arreglo

reparo algo que estaba estropeado

Cada día **arreglo** el columpio de mi casa.

atrapar

agarrar, con rapidez o habilidad, a una persona, un animal o una cosa que se mueve o se quiere escapar

Los niños fueron al jardín a **atrapar** insectos.

ayudarla

hacer algo por otra persona

Quise **ayudarla** a pintar la ventana.

bebé

niño pequeño (o niña pequeña)

La mamá le da el biberón al **bebé**.

bolsillo

bolsillo

bolsa pequeña cosida a los pantalones o vestidos

Pongo mi dinero en el **bolsillo** del pantalón.

263

brindó

ofreció o dedicó algo a alguien

Brindó la victoria del partido a su papá.

cerca

que está a poca distancia

La bicicleta está **cerca** del árbol.

cestas

cesta

canasta, especie de bolsa dura de mimbre para llevar cosas

Mi mamá trae una **cesta** llena de manzanas.

clava

asegura con clavos

Mi abuelita **clava** un cuadro en mi habitación.

competencia

rivalidad entre dos o más personas sobre algo

Siempre gano la **competencia** de canicas en mi escuela.

contagiar

transmitir una enfermedad una persona a otra

Algunos animales pueden **contagiar** enfermedades a las personas.

coser

utilizar hilo y aguja para hacer o arreglar prendas de vestir

Voy a **coser** un botón en la camisa.

dentro

en el interior de algo

El pájaro está **dentro** del nido.

dinosaurios

dinosaurio

reptil muy grande que vivió hace millones de años

El museo tiene el esqueleto de un **dinosaurio**.

encontró

halló a alguien o algo que buscaba

Mi perro **encontró** un hueso en el jardín.

enfermedad

problema de una parte del cuerpo o del organismo de un ser vivo que provoca que algo no funcione bien

La gripe es una **enfermedad** muy común en el invierno.

entrenadora

persona que prepara a un atleta o a un equipo

Mi **entrenadora** de básquetbol es muy alta.

entrenadora

fondo

parte inferior de algo

Encontré una concha en el **fondo** del mar.

futbol

deporte que se juega entre dos equipos en el que los jugadores dan patadas a una pelota para meterla en la portería

Metí dos goles jugando al **futbol**.

gané

fui el primero en un juego o una competición

Gané en la carrera de saltos.

hilo

cuerda que se usa para coser

Compra **hilo** rojo para coser mi falda.

horizontes

posibilidades

Colón salió en busca de nuevos **horizontes**.

huevo

de donde nacen las aves y los reptiles

La gallina puso un **huevo**.

huevo

inmóvil

sin moverse, o sin poder moverse

El ratón se quedó **inmóvil** por el miedo.

invisible

que no se puede ver

Mi abuelo reparó mi juguete usando un pegamento **invisible**.

lago

agua rodeada de tierra

Los patos nadan en el **lago**.

lío

embrollo o desorden

Armamos un buen **lío** con la arena en el patio de la escuela.

maravilla

suceso o cosa que causa admiración

El circo me parece una **maravilla**.

marcar

obtener puntos en un juego o deporte

Juan va a **marcar** puntos para su equipo.

microscopios

instrumentos que sirven para ver en tamaño aumentado cosas tan pequeñas que son muy difíciles de ver a simple vista, o que ni siquiera se pueden ver

Gracias a los **microscopios** podemos ver cosas tan pequeñas como los microbios y las células.

nunca

ninguna vez, en ningún tiempo

Nunca he estado en las montañas.

overoles

pantalones sueltos con pechera y tirantes

Me gusta ponerme los **overoles** rojos.

overoles

papalote

juguete de papel o tela que se eleva por el aire sujeto a un hilo

Tengo un **papalote** de muchos colores.

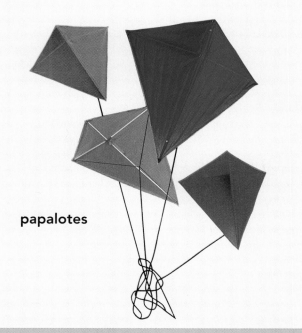

papalotes

parece

da cierta impresión

El hombre de la televisión **parece** que me habla de verdad.

patear

pegarle a algo con el pie

Aprendí a **patear** la pelota cuando tenía cinco años.

pingüino

pingüino

ave que no puede volar y que vive en las costas heladas del hemisferio sur

El **pingüino** parece llevar puesto un traje de etiqueta.

playa

playa

zona de arena junto al mar

El domingo vamos a tomar el sol a la **playa**.

pollito

cría de la gallina

En el corral hay **pollitos** recién nacidos.

pollito

porque

palabra que explica la causa o motivo de algo

No viene **porque** está enfermo.

protegidos

resguardados de algún daño

Llevamos un abrigo para estar **protegidos** del frío.

respetados

la gente les tiene respeto

Los profesores universitarios son muy **respetados**.

salamandra

animal de color oscuro con manchas amarillas que se parece a las lagartijas

La **salamandra** vive en el agua y en la tierra.

sanos

que no están enfermos

Tenemos que alimentarnos bien para estar **sanos**.

sapa

hembra del sapo

La **sapa** tuvo sapitos.

seguros

que no están en peligro

Cuando hay tormenta, estamos más **seguros** dentro de la casa.

subí

pasé de un sitio más bajo a otro más alto

Subí a la copa de mi árbol preferido.

se desbarató

se disipó o arruinó una cosa

Mi castillo de arena **se desbarató** con el agua.

tablillas

trozos largos y estrechos de madera

Necesito más **tablillas** para hacer la caseta del perro.

techo

parte de arriba de una casa o edificio y que lo cubre

El **techo** de mi escuela está pintado con figuras de animales.

techo

volar

moverse por el aire

Los pájaros usan las alas para **volar**.

zumbido

ruido continuado y molesto que hacen algunos insectos voladores y algunos aparatos electrónicos

El **zumbido** de la mosca en la cocina es muy molesto.

Acknowledgments

Grateful acknowledgment is made to the following sources for permission to reprint from previously published material. The publisher has made diligent efforts to trace the ownership of all copyrighted material in this volume and believes that all necessary permissions have been secured. If any errors or omissions have inadvertently been made, proper corrections will gladly be made in future editions.

Unit 2 *Patrulla en acción* Table of Contents: Illustrations from "Tengo un agujero en el bolsillo" by Akimi Gibson, illustrated by Jeni Bassett. Originally published as THERE'S A HOLE IN MY POCKET. Copyright © 1994 by Scholastic Inc. All rights reserved.

Unit 1 *¡Hola!:* "Yo leo las vocales" by Erminda García, illustrated by Nancy Davis. Copyright © 2000 by Scholastic Inc. All rights reserved.

"Mi mamá y yo" by Graciela Vidal, illustrated by Dave Clegg. Copyright © 2000 by Scholastic Inc. All rights reserved.

"Pipo, el puma" by Clarita Kohen, illustrated by Loretta López. Copyright © 2000 by Scholastic Inc. All rights reserved.

"El misterio de los burritos" by Cecilia Ávalos, illustrated by Bob Holt. Copyright © 2000 by Scholastic Inc. All rights reserved.

"¿Qué comen los animalitos?" by Leyla Torres, illustrated by Maya Itzna Brooks. Copyright © 2000 by Scholastic Inc. All rights reserved.

Unit 2 *Patrulla en acción:* "Tengo un agujero en el bolsillo" by Akimi Gibson, illustrated by Jeni Bassett. Originally published as THERE'S A HOLE IN MY POCKET. Copyright © 1994 by Scholastic Inc. Spanish translation copyright © 1997 by Scholastic Inc. All rights reserved.

"¿Qué será?" by Cecilia Ávalos, illustrated by Rosario Valderrama. Copyright © 1997 by Scholastic Inc. All rights reserved.

"El patio de mi casa" from TITO, TITO: RIMAS, ADIVINANZAS Y JUEGOS INFANTILES by Isabel Schon, illustrated by Violeta Monreal. Copyright © by Isabel Schon & Editorial Everest, S.A. Published by Editorial Everest, S.A. Reprinted by permission.

"¿Qué hay dentro del huevo?" from ¿QUÉ HAY DENTRO DEL HUEVO? by Mary Jane Martin. Originally published as WHAT'S INSIDE? Copyright © 1994 by Scholastic Inc. Spanish adaptation copyright © 1994 by Scholastic Inc. All rights reserved. Published by Scholastic Inc.

"La gallina Francolina" from JUGUEMOS A LEER: CANTOS TRADICIONALES by Mabel Condemarín with the collaboration of M. Catalina Alliende, illustrated by Andrés Jullian. Copyright © 1989 by Salo Editores. All rights reserved.

"Para todos los niños" from PARA TODOS LOS NIÑOS: DECLARACIÓN UNIVERSAL DE LOS DERECHOS DEL NIÑO adapted by Liliana Santirso, illustrated by Colectivo Internacional (Helme Heine, Tony Ross, Anastasia Archipova, Hannu Taina, Paul Zelinsky, Stepan Zavrel, Ingrid Dieter Shubert, Michael Foreman, Daniele Bour, Satoshi Kitamura). Original edition © 1989 by Lemniscaat b. v. Rotterdam. Spanish edition copyright © 1994 by C.E.L.T.A. Amaquemecan. Reprinted by arrangement with Lemniscaat and C.E.L.T.A. Amaquemecan.

Unit 3 *¡Con ánimo!:* "El Picnic" by Alma Flor Ada and F. Isabel Campoy, illustrated by Susanna Natti. Copyright © 2000 by Scholastic Inc. All rights reserved.

"Tomates" from GATHERING THE SUN by Alma Flor Ada, illustrated by Simón Silva. Text copyright © 1997 by Alma Flor Ada. Illustrations copyright © 1997 by Simón Silva. Reprinted by arrangement with the author, the illustrator, and BookStop Literary Agency. All rights reserved.

"La casita de Harry" from LA CASITA DE HARRY by Angela Shelf Medearis, illustrated by Susan Keeter. Originally published as HARRY'S HOUSE. Copyright © 1994 by Scholastic Inc. Spanish translation copyright © 1994 by Scholastic Inc. All rights reserved. Published by Scholastic Inc.

Text from "Nuestro deporte es el futbol" from NUESTRO DEPORTE ES EL FUTBOL by Leila B. Gemme. Originally published as SOCCER IS OUR GAME. Copyright © 1979 by Regensteiner Enterprises, Inc. Spanish translation copyright © 1997 by Scholastic Inc. Reprinted by arrangement with Children's Press, Inc.

"Elisa y Palín" from ELISA Y PALÍN by Francisca Altamirano. All rights reserved. Copyright © 1986 by Editorial Trillas, S.A. de C.V. Reprinted by permission of the publisher.

Photography and Illustration Credits